Com MARIA
e o PAPA FRANCISCO
em oração

CB002039

Ir. Tarcila Tommasi, fsp

Com **MARIA**
e o **PAPA FRANCISCO**
em oração

Paulinas

Dados Internacionais de Catalogação na Publicação (CIP)
(Câmara Brasileira do Livro, SP, Brasil)

Tommasi, Tarcila
Com Maria e o Papa Francisco em oração / Tarcila Tommasi.
-- São Paulo : Paulinas, 2020.
72 p. (Coleção Vida Cristã)

ISBN 978-85-356-4568-2

1. Livros de oração e devoções 2. Orações 3. Papa Francisco
- Orações 4. Maria, Virgem, Santa - Orações 5. Vida cristã
I. Título II. Série

20-1038   CDD 242.2

Índice para catálogo sistemático:
1. Livros de oração e devoções   242.4

Angélica Ilacqua - Bibliotecária - CRB-8/7057

Direção-geral: *Flávia Reginatto*
Editora responsável: *Marina Mendonça*
Copidesque: *Mônica Elaine G. S. da Costa*
Coordenação de revisão: *Marina Mendonça*
Revisão: *Ana Cecilia Mari*
Gerente de produção: *Felício Calegaro Neto*
Capa e diagramação: *Tiago Filu*

1ª edição – 2020

Paulinas
Rua Dona Inácia Uchoa, 62
04110-020 – São Paulo – SP (Brasil)
Tel.: (11) 2125-3500
http://www.paulinas.com.br – editora@paulinas.com.br
Telemarketing e SAC: 0800-7010081
© Pia Sociedade Filhas de São Paulo – São Paulo, 2020

APRESENTAÇÃO

No brasão do Papa Francisco, desde sua eleição ao bispado, encontra-se simbolizada, em um monograma, a "centralidade de Jesus Cristo", e uma flor figurando a presença de "Nossa Senhora e São José". Em Jesus, Francisco pautou sua vida e seu ministério; de Maria e São José, ele aprendeu a ler os acontecimentos da vida e a guardá-los como Palavra sagrada.

Nada melhor em nossa vida que abrir o coração para escutar a Palavra de Deus e traduzi-la em nosso viver. Igualmente proveitoso é dedicar um mês para escutar, cada dia, o que nos diz o Papa Francisco sobre sua experiência mariana, em forma de reflexão, vivência, louvor: é uma oportunidade que vai enriquecer a mente e dará bons frutos na vida.

A sugestão é esta: com todo amor à Mãe do céu, guarde no seu coração, cada dia, uma palavra (pode ser destes textos) que leve à feliz lembrança de que você tem uma Mãe que o(a) ama como filho(a), o(a) protege e tem prazer de estar com você mesmo nos momentos difíceis ou de sofrimento. Bom proveito a cada dia!

Tarcila Tommasi, fsp

1º Dia

Com o Papa Francisco, queremos neste mês sintonizar com seus sentimentos para aprofundar o sentido de suas mensagens marianas. Assim ele declarou: "A Igreja, quando busca Cristo, bate sempre à casa da Mãe e pede: 'Mostrai-nos Jesus'. É de Maria que se aprende o verdadeiro discipulado. E, por isso, a Igreja sai em missão sempre na esteira de Maria" (Homilia no Santuário de Aparecida, 24/07/2013).

Refletindo

Na esteira de Maria, Mãe de Jesus, e dos que desejam segui-la, encontra-se o caminho, isto é, aquele que afirmou: "Eu sou o caminho..." (Jo 14,6). Esta é a meta para a qual Maria nos conduz. Coloquemo-nos de coração aberto para nos deixar conduzir por Maria, vazios de nós mesmos e confiantes em sua missão de Mãe. Com ela, animados pelo desejo de passar este mês mariano, vamos aprender o verdadeiro discipulado.

Proposta do Papa Francisco

"Senhor, tu deixaste no meio de nós tua Mãe para que nos acompanhasse. Que ela cuide de nós, nos proteja em nosso caminho, em nosso coração, em nossa fé" (25/07/2013).

Oração a Nossa Senhora Aparecida

Lembrai-vos, ó Mãe Aparecida, que nunca se ouviu dizer que alguém daqueles que têm invocado e implorado vossa proteção fosse por vós abandonado. Animados com esta confiança, a vós recorremos, tomando-vos de hoje e para sempre por nossa mãe, consolação e guia, esperança e luz na hora da morte. Mãe Aparecida, livrai-nos de tudo o que possa ofender-vos e a vosso Filho Jesus, nosso Redentor e Senhor Jesus Cristo. Preservai-nos de todos os perigos, dirigi-nos em todos os empreendimentos temporais. Soberana Senhora, livrai-nos da tentação e de todos os males que nos ameaçam a cada instante de nossa vida. Protegei as famílias brasileiras e livrai-as de todos os perigos e ameaças. Nossa Senhora Aparecida, rogai por nós!

2º Dia

"Quando o anjo Gabriel anunciou a Maria que Deus a escolhera para ser a Mãe de Jesus, o Salvador, ela, mesmo sem compreender inteiramente o significado daquele chamado, confiou em Deus e respondeu: 'Eis aqui a serva do Senhor! Faça-se em mim segundo a tua palavra'" (Lc 1,38) (Jornada Mundial da Juventude. Rio de Janeiro, 28/07/2013).

Refletindo

Maria confiou na Palavra de Deus, comunicada através do anjo Gabriel. Confiar é acolher o chamado divino sem antepor suas condições pessoais de jovem e frágil. Diante do Senhor Deus, ela se reconhece como serva, porque, o que é determinante neste pedido, não é sua própria vontade, mas a Palavra do Senhor. Nesse momento histórico, esta mesma Palavra faz de Maria "a Senhora". Por isso a chamamos familiarmente "Nossa Senhora", embora ela nunca tenha usufruído desse título, conservando-se sempre disponível para o serviço.

Proposta do Papa Francisco

"Que Maria nos faça discípulos, como ela foi. E missionários, como também ela foi. Que nos ensine a sair às ruas, que nos ensine a sair de nós mesmos."

Oração a Nossa Senhora, Rainha dos Apóstolos

Ó Maria, eu vos louvo e agradeço porque sois nossa Mãe e Rainha. Lembrai-vos de que Jesus, antes de morrer, nos confiou aos vossos cuidados. Continuai, pois, a suscitar e fortalecer santas vocações para as diferentes missões na Igreja. Dai-me forças para anunciar, com vigor e coragem, o Evangelho de Cristo com os meios de comunicação social. Ó Maria, eu vos consagro todo o meu ser; a vós entrego minha família, meu trabalho e todas as pessoas que necessitam da vossa força e do vosso auxílio. Maria, Rainha dos Apóstolos, rogai por nós!

3º Dia

"No primeiro dia do ano celebramos a festa da Mãe de Deus, à qual se segue a Epifania, com a recordação da visita dos magos. Escreve o evangelista Mateus: 'Entrando na casa, acharam o menino com Maria, sua Mãe. Prostrando-se diante dele, adoraram-no'. É a Mãe que, depois de tê-lo gerado, apresenta o Filho ao mundo. Ela nos dá Jesus, ela nos mostra Jesus, ela nos faz ver Jesus" (Audiência Geral, 07/01/2015).

Refletindo

Os representantes do povo pagão encontraram Jesus nos braços de Maria, sua Mãe. Reconheceram-no como a "grande Luz" para a humanidade e, prostrando-se, o adoraram. Sim, ainda hoje Maria Santíssima é a Mãe que nos mostra e nos dá Jesus. Os que buscam o Salvador ou desejam viver maior intimidade com ele, procurem-no através de sua Mãe Maria. O caminho é mais fácil e mais curto. E se quiseres encurtar mais ainda esse caminho, aproxima-te dela humildemente como filho...

Proposta do Papa Francisco

"A salvação não se compra nem se vende: dá-se de presente. É gratuita. Nós não podemos salvar-nos por nós mesmos: a salvação é um presente, totalmente gratuito. [...] Pede somente um coração humilde, um coração dócil, um coração obediente. Como o de Maria."

Oração a Mãe de Deus

Sob a vossa proteção nós buscamos refúgio, ó Santa Mãe de Deus; volvei os vossos olhos piedosos a este povo que é vosso e que em vós confia, agora e sempre, para encontrar conforto na tribulação, força na luta contra o mal, guia segura na estrada do bem, coragem para uma nova e eficaz evangelização. Fazei com que todos, olhando para vós e para o Menino que tendes nos braços, revigorem a sua fé, reencontrem a esperança, acendam-se da caridade. Concedei-nos a graça que vos pedimos, ó clemente, ó piedosa, ó doce Virgem Mãe de Deus, Maria!

4º Dia

"A Igreja é mãe. [...] Uma mãe que nos dá vida em Cristo e que nos faz viver com todos os outros irmãos na comunhão do Espírito Santo. Nessa sua maternidade, a Igreja tem como modelo a Virgem Maria, o modelo mais bonito e mais excelso que possa existir. [...] A maternidade da Igreja insere-se precisamente em continuação com a de Maria, como sua prolongação na história" (Audiência Geral, 03/09/2014).

Refletindo

Jesus afirmou: "Eu estarei convosco até o fim dos tempos" (Mt 28,20). A presença de Jesus estende-se durante toda a história humana. E a mediação de sua Mãe Maria revelou-se também com certa frequência. As aparições o comprovam, e a vivência do povo cristão o testemunha. Na realidade, para quem tem fé, a história da Igreja é uma "história sagrada". A experiência que muitos cristãos fizeram e fazem com a presença de Maria Santíssima em suas vidas constitui uma história edificante, digna de nossa fé. E como muitos devotos dessa Mãe, possamos também dizer: "Nossa Senhora, não te vejo fisicamente, mas sinto a tua presença".

Proposta do Papa Francisco

"A Igreja é fecunda e mãe quando dá testemunho de Jesus Cristo. [...] A Virgem Santíssima nos ensinará o caminho da humildade, e esse trabalho silencioso e corajoso é que leva em frente a missão apostólica."

Oração a Nossa Senhora das Graças

Nossa Senhora das Graças, ouvi a prece que hoje vos fazemos. Auxiliai-nos, socorrei-nos em nossa aflição e pelos méritos de Jesus, vosso Filho, concedei-nos, hoje, a graça que vos pedimos (*fazer o pedido*). Fostes escolhida pelo vosso Divino Filho para serdes a nossa intercessora e protetora. Por isso vos pedimos, Nossa Senhora das Graças, que olheis para vossos filhos e filhas mais carentes de pão e de conforto espiritual. Olhai ainda, ó Mãe, para as famílias com todas as suas necessidades e preocupações, para que, unidos e fortes, vivamos o Evangelho todos os dias da nossa vida. Nossa Senhora das Graças, rogai por nós!

5º Dia

"O Evangelho de São Lucas apresenta-nos Maria, uma jovem de Nazaré. [...] Um pequeno povoado. E, no entanto, sobre ela pousou o olhar do Senhor, que a escolheu para ser a Mãe do seu Filho. Em vista dessa maternidade, Maria foi preservada do pecado original, ou seja, daquela ruptura na comunhão com Deus, com os outros e com a criação que fere cada ser humano em profundidade" (Solenidade da Imaculada Conceição de Maria, 08/12/2013).

Refletindo

Desde o primeiro instante de sua conceição, Maria foi enriquecida por um privilégio que a fez imune de toda mancha do pecado original. Isto aconteceu em vista dos merecimentos do Salvador, Jesus Cristo. E Maria, pela graça de Deus, também permaneceu pura de todo pecado pessoal ao longo de sua vida. Com razão, nós a chamamos "cheia de graça", "Imaculada Conceição". Na Bíblia, Maria nos é sempre apresentada em relação a Jesus. Tudo o que ela é e faz está em função de Jesus. Contudo, é uma pessoa muito real que encontra dificuldades, contrariedades e incompreensões, como qualquer pessoa deste mundo, mas ela é cheia de graça e, por meio desta, pôde vencer sempre.

Proposta do Papa Francisco

"Hoje, na festa da Imaculada, reconhecemos a nossa bela Mãe imaculada, reconhecemos também o nosso destino mais autêntico, a nossa vocação mais profunda: sermos amados, sermos transformados pelo amor de Deus."

Oração a Nossa Senhora da Conceição

Virgem Santíssima, que fostes concebida sem o pecado original e por isso merecestes o título de Nossa Senhora da Imaculada Conceição, e que, por terdes evitado todos os outros pecados, o anjo Gabriel vos saudou com as belas palavras: "Ave, Maria, cheia de graça", nós vos pedimos que nos alcanceis do vosso divino Filho o auxílio necessário para vencermos as tentações e evitarmos os pecados, e, já que vos chamamos de Mãe, atendei-nos com carinho maternal e ajudai-nos a viver como dignos filhos vossos. Nossa Senhora da Conceição, rogai por nós!

6º Dia

"Nas mãos de Maria, Mãe do Redentor, coloquemos as nossas esperanças com confiança filial. A ela, que estende a sua maternidade a todos os homens, confiemos o brado de paz das populações oprimidas pela guerra e pela violência, para que a coragem do diálogo e da reconciliação prevaleça sobre as tentações de vingança, de prepotência e de corrupção" (Dia Mundial da Paz, 1º/01/2014).

Refletindo

Hoje, mais do que nunca, ouve-se o grito de populações oprimidas pela guerra e pela violência. Todos sabemos que a paz não é só ausência de guerra, mas ela exige o respeito, a compreensão, o diálogo. Desejar a vingança nada resolve, "mas é louvável impor uma reparação para a correção do mal e a conservação da justiça", diz o Catecismo Católico. Jesus declarou: "Bem-aventurados os que promovem a paz". Esta é uma expressão animadora para quem deseja realizar, com Jesus, o projeto do Pai: a paz. Paz (shalom), palavra que, no idioma de Jesus, é tão rica de conteúdo que nenhum termo em português, sozinho, pode exprimi-la. É uma expressão de bons desejos, dádiva de Deus, comunhão com Deus, bem-estar, condição na qual não falta nada.

Proposta do Papa Francisco

"Que o mundo se torne uma comunidade de irmãos que se respeitam, se aceitam nas próprias diversidades e cuidam uns dos outros. Que o Senhor nos conceda o dom da paz e a capacidade de levá-la a todos os lugares."

Oração a Nossa Senhora de Guadalupe

Mãe do céu morena, Senhora da América Latina, de olhar e caridade tão divinos, de cor igual à cor de tantas raças. Virgem tão serena, Senhora destes povos tão sofridos, patrona dos pequenos e oprimidos, derramai sobre nós as vossas graças. Derramai sobre os jovens a vossa luz. Aos pobres, vinde mostrar o vosso Jesus. Ao mundo inteiro, trazei o vosso amor de Mãe. Ensinai a quem tem tudo a partilhar. Ensinai a quem tem pouco a não cansar, e fazei o nosso povo caminhar em paz. Derramai a esperança sobre nós. Ensinai o povo a não calar a voz. Despertai o coração de quem não acordou. Ensinai que a justiça é condição de construir um mundo mais irmão. E fazei o nosso povo conhecer Jesus.

7º Dia

"Maria, a Mãe que cuidou de Jesus, agora cuida com carinho e preocupação materna deste mundo ferido. Assim como chorou com o coração trespassado a morte de Jesus, também agora se compadece do sofrimento dos pobres crucificados e das criaturas deste mundo exterminadas pelo poder humano" ("Louvado sejas, meu Senhor!" [*Laudato si'*], Carta encíclica, 05/2015).

Refletindo

É doloroso ouvir o Santo Padre Francisco falar da nossa realidade atual: "pobres crucificados, criaturas exterminadas pelo poder humano". Quem são? Pessoas humanas, filhos de Deus, crucificados pelas várias situações da vida – vícios, roubos, dependência química, vítimas do ódio, sem moradia, sem emprego, sem saúde. São vários tipos de escravidão. Invoquemos Maria, a quem, na oração "Salve-Rainha", pedimos: "A vós bradamos, os degredados filhos de Eva, a vós suspiramos, gemendo e chorando, neste vale de lágrimas. [...] Vossos olhos misericordiosos a nós volvei, e depois deste desterro mostrai-nos Jesus, bendito fruto de vosso ventre, ó clemente, ó piedosa, doce sempre Virgem Maria".

Proposta do Papa Francisco

"Maria, que cuidou de Jesus, agora cuida com carinho e preocupação materna deste mundo ferido." Confiemos!

Oração a Nossa Senhora de Nazaré

Santíssima Virgem de Nazaré, nós vos escolhemos como Senhora e Protetora desta casa. Preservai esta casa de todo perigo: do incêndio, da inundação, do raio, das tempestades, dos ladrões, dos malfeitores e do maligno. Dai-nos a alegria de abrirmos a porta aos pobres e aos infelizes, para que um dia nos recebam agradecidos na Casa do Pai. Abençoai quem entra nesta casa. Protegei quem sai. Dai a paz a quem fica. Sobretudo, concedei-nos a graça mais importante: a de viver na amizade de Deus. Mãe querida, vivei nesta casa como um tempo vivestes na casa de Nazaré! Assim seja.

8º Dia

"Juntamente com o Espírito Santo, sempre está Maria no meio do povo. Ela reunia os discípulos para o invocarem (At 1,14) e, assim, tornou possível a explosão missionária que se deu no Pentecostes. Ela é a Mãe da Igreja evangelizadora, e, sem ela, não podemos compreender cabalmente o espírito da nova evangelização" (A alegria do Evangelho [*Evangelii gaudium*], p. 223, 11/2013).

Refletindo

"Maria é a Mãe da Igreja evangelizadora." Isto afirma a própria Bíblia, quando diz: "Todos os apóstolos tinham os mesmos sentimentos e perseveravam em oração, com algumas mulheres, entre as quais Maria, Mãe de Jesus" (At 1,14). Como dom do Espírito Santo, o grupo dos apóstolos, com Maria, é capacitado para evangelizar no mundo. Maria assume com sua presença a missão de ser Mãe da Igreja nascente. Esta missão ela continua a exercê-la em todas as épocas da vida da Igreja, especialmente nos santuários marianos, nas igrejas a ela dedicadas, e com todas as pessoas que se dedicam à evangelização.

Proposta do Papa Francisco

"Hoje, fixamos em Maria o olhar, para que nos ajude a anunciar a todos a mensagem de salvação e para que os novos discípulos se tornem operosos evangelizadores." Maria, estrela da nova evangelização, rogai por nós!

Oração a Nossa Senhora do Perpétuo Socorro

Deus, nosso Pai, nós vos agradecemos porque nos destes Maria como nossa Mãe e refúgio nas aflições. Socorrei-nos, dia e noite, ó Mãe do Perpétuo Socorro! Ajudai os doentes, e os aflitos vinde consolar! Vosso olhar a nós volvei e vossos filhos protegei. Ó Maria, dai saúde ao corpo enfermo, dai coragem na aflição; sede a nossa estrela guia na escuridão. Que tenhamos cada dia o pão e a paz em nosso lar. Dai-nos sempre, ó querida Mãe, confiança e fé no amor de Jesus, vosso Filho. Socorrei-nos, amparai--nos e dai-nos hoje a graça que vos pedimos (*fazer o pedido*). Amém.

9º Dia

"Na cruz, antes de declarar consumada a obra que o Pai lhe havia confiado, Jesus disse a Maria: 'Mulher, eis o teu filho!'. E, logo a seguir, disse ao amigo bem-amado: 'Eis a tua mãe!' (Jo 19,26-27). Estas palavras de Jesus, no limiar da morte, não exprimem primariamente uma terna preocupação por sua Mãe, mas são, antes, uma fórmula de revelação que manifesta o mistério de uma missão salvífica especial. Jesus deixava-nos a sua Mãe como nossa Mãe. E só depois de fazer isso é que Jesus pôde sentir que 'tudo se consumara'" (Jo 19,28) (A alegria do Evangelho [*Evangelii gaudium*], p. 223, 11/2013).

Refletindo

Maria acompanhou Jesus no caminho do Calvário, unindo-se ao sacrifício de seu Filho. Ela sofre calada, com fé e fidelidade incondicionais. Crucificado, antes de morrer, Jesus pensou em nós e na sua Igreja, dando-nos Maria como Mãe: "João, eis aí a tua Mãe!". Não foi uma simples troca. Foi um convite à sua Mãe Maria para assumir a maternidade, continuando sua missão. Entre os devotos de Maria, muitos lhe atribuíram títulos pela sua maternidade: Mãe de misericórdia, Mãe da paz, Mãe dos aflitos, Mãe desatadora dos nós, e centenas de outros nomes muito significativos e adequados à sua missão materna. Especialmente as aparições de Maria lhe trouxeram vários títulos expressivos de sua missão no mundo.

Proposta do Papa Francisco

"Ao pé da cruz, na hora suprema da nova criação, Cristo conduz-nos a Maria: conduz-nos a ela porque não quer que caminhemos sem uma mãe." Maria, Mãe do povo de Deus, rogai por nós!

Oração a Nossa Senhora do Desterro

Senhora do caminho, Mãe e mestra dos migrantes e viajantes por terras estranhas, protegei-me em minhas buscas por um emprego digno, livrando-me da falsidade, da ambição e das falsas ofertas. Ó minha Mãe, defendei-me dos acidentes, das pessoas mal-intencionadas e conduzi-me ao caminho certo, ao trabalho adequado, ao lado de pessoas que realmente transmitam paz. Senhora do Desterro, olhai também por tantas pessoas em situação de desesperança, de aflição, em piores condições que as minhas. Dai-lhes saúde, trabalho, casa e pão. Que todos possamos ser irmãos uns dos outros, ajudando-nos mutuamente, para assim formarmos a grande família dos filhos de Deus. Nossa Senhora do Desterro, rogai por nós! Amém.

10º Dia

"Muitos pais cristãos pedem o Batismo para seus filhos num santuário mariano, manifestando assim a fé na ação materna de Maria, que gera novos filhos para Deus. É lá, nos santuários, que se pode observar como Maria reúne ao seu redor os filhos que, com grandes sacrifícios, vêm peregrinos para vê-la e deixar-se olhar por ela. Lá encontram a força de Deus para suportar os sofrimentos e as fadigas da vida" (A alegria do Evangelho [*Evangelii gaudium*], p. 225, 11/2013).

Refletindo

Sagrada é a missão de Maria nos santuários: quantas romarias, milhares de devotos visitam a casa de sua Mãe Maria. Alguns chegam cansados, outros carregados de problemas, levando consigo doentes ou preocupações devido a doenças incuráveis; todos carregando a fé e a confiança para depositarem seus problemas nas mãos daquela Mãe poderosa que sabe como conduzir tudo ao coração de Deus. Cantos, orações, confissão, celebração eucarística, visita e terço aos pés da Mãe: tudo contribui para depois voltarem agradecidos, com aquela alegria cristã que caracteriza a paz interior.

Proposta do Papa Francisco

"É nos santuários marianos que o povo encontra a força de Deus para suportar os sofrimentos e as fadigas da vida. Como a Juan Diego, Maria oferece-lhes a carícia da sua consolação materna e diz-lhes: 'Não se perturbe o teu coração. [...] Não estou eu aqui, que sou tua Mãe?'."

Oração a Nossa Senhora de Lourdes

Ó Virgem puríssima, Nossa Senhora de Lourdes, que vos dignastes aparecer a Bernadete, no lugar solitário de uma gruta, para nos lembrar de que é no silêncio e no recolhimento que Deus nos fala e nós falamos com ele. Ajudai-nos a encontrar o sossego e a paz de espírito para nos conservarmos sempre mais unidos a Deus. Nossa Senhora da gruta, dai-nos a graça que vos pedimos e tanto precisamos (*fazer o pedido*). Nossa Senhora de Lourdes, rogai por nós!

11º Dia

"A Maria, Mãe do Evangelho vivente, pedimos a sua intercessão a fim de que este convite para uma nova etapa da evangelização seja acolhido por toda a comunidade eclesial. [...] Hoje fixamos nela o olhar, para que nos ajude a anunciar a todos a mensagem de salvação e para que os novos discípulos se tornem operosos evangelizadores" (A alegria do Evangelho [*Evangelii gaudium*], p. 226, 11/2013).

Refletindo

Maravilhoso e adequado é o título que o Papa Francisco dá a Maria: "Mãe do Evangelho vivente". Evangelho, palavra de origem grega, designa "a boa notícia da Salvação". Mãe de Jesus, o Salvador, Maria não é o Evangelho, mas, pela sua vida, é "mestra do Evangelho": evangelizou desde seu tempo até nossos dias com o exemplo de vida junto a Jesus e, depois da ascensão ao céu, junto aos apóstolos. A meta de nossa vida cristã é chegar à vivência de Maria, como também à do apóstolo Paulo, que dizia, apropriando-se do Evangelho: "Meu Evangelho" (Rm 2,16).

Proposta do Papa Francisco

"Maria é a mulher orante e trabalhadora em Nazaré, mas é também Nossa Senhora da prontidão, a que sai 'às pressas' (Lc 1,39) da sua povoação para ir ajudar os outros (*em oração*): que a alegria do Evangelho chegue até os confins da terra e nenhuma periferia fique sem a sua luz."

Oração a Nossa Senhora do Rosário

Nossa Senhora do Rosário, dai a todos os cristãos a graça de compreender a grandiosidade da devoção do Santo Rosário, no qual, à recitação da Ave-Maria, se junta a profunda meditação dos santos mistérios da vida, morte e ressurreição de Jesus, vosso Filho e nosso Redentor. Acompanhai-nos, ó Maria, na recitação do terço, para que, por meio dessa devoção, cheguemos ao mistério amoroso de Jesus. Nossa Senhora do Rosário, levai-nos à vitória em todas as lutas da vida, por vosso Filho, Jesus Cristo, na unidade do Espírito Santo. Amém.

12º Dia

"Maria é a mais abençoada dos santos entre os santos, aquela que nos mostra o caminho da santidade e nos acompanha. E, quando caímos, não aceita deixar-nos por terra e, às vezes, leva-nos nos seus braços sem nos julgar. Conversar com ela consola-nos, liberta-nos, santifica-nos. A Mãe não necessita de muitas palavras, não precisa que nos esforcemos demasiado para lhe explicar o que se passa conosco. É suficiente sussurrar uma vez ou outra: 'Ave, Maria...'" (Alegrai-vos e exultai [*Gaudete et exsultate*], p. 108, 03/2018).

Refletindo

Qual é a mãe que, vendo seu filho pequeno cair, deixa-o por terra?... Se assim agem nossas mães humanas, o que não fará por nós Maria Santíssima, a mulher abençoada por Deus para ser a Mãe do Salvador? Ao chegar à casa de Isabel, esta a saudou com o nome de: "Abençoada" (bendita). A palavra "abençoada", que provém do termo "bênção", significava comunicação de vida por parte de Deus, e, com a vida, desejava-se o vigor, a força que traz a paz. Hoje, lindo costume têm as pessoas, como também as mães, que abençoam seus filhos e afilhados. Este jeito, bem nosso, brasileiro, de dizer às pessoas, na despedida, "Deus te abençoe!", é muito lindo e não pode ser esquecido.

Proposta do Papa Francisco

Sim, rezemos a Ave-Maria, como sugere o Papa. É uma oração breve que tem como fonte a Bíblia, quando o anjo anunciou a Maria que ela fora escolhida por Deus para ser a Mãe de Jesus, o Salvador (Lc 1,26-38).

Oração a Nossa Senhora, Mãe da Divina Providência

Ó Maria, Mãe da Divina Providência, entrego-me inteiramente a vós. Orientai a minha vida e obtende-me a graça de cumprir fielmente a divina vontade. Alcançai-me o perdão dos pecados e sede minha proteção contra todo mal. Ajudai-me, ó Maria, a conseguir a renovação interior de meu coração, para que nele eu possa acolher vosso Divino Filho Jesus. Ó doce Mãe da Providência, cobri-me com o manto de vossa proteção e guiai com segurança os meus passos até a vida eterna. Amém.

13º Dia

"Sempre chama a atenção a força do 'sim' da jovem Maria. A força desse 'faça-se' que ela disse ao anjo foi uma coisa diferente de uma aceitação passiva ou resignada. [...] Maria era determinada, sabia do que se tratava e disse 'sim' sem rodeios. Foi algo mais, algo diferente. Foi o sim de quem quer comprometer-se e de quem quer arriscar, de quem quer apostar tudo, sem mais segurança que a certeza de saber que era portadora de uma promessa" (Cristo vive [*Christus vivit*], p. 29, 03/2019).

Refletindo

Você se acha portador de alguma promessa? Se você foi batizado na Igreja Católica, certamente foi convidado a fazer algumas promessas a Deus. Procurar conhecer essas promessas batismais e vivê-las é uma manifestação devida ao amor para com Deus e um modo de ser fiel à sua bondade, que aceitou você na sua Igreja. O Batismo é uma graça tão grande que merece que se "aposte tudo" para ser fiel a essas promessas. Realmente, a fidelidade a essas promessas lhe dará um futuro promissor para a eternidade. Para isso, leia algum livro sobre o sacramento do Batismo e você ficará contente e agradecido ao saber o que seus padrinhos fizeram em seu nome.

Proposta do Papa Francisco

"Proponho aos jovens ir além dos grupos de amigos e construir a 'amizade social, buscar o bem comum'. [...] Um país se destrói pela inimizade. O mundo se destrói pela inimizade. E a maior inimizade é a guerra."

Oração a Nossa Senhora de Fátima

Santíssima Virgem Maria, que nas regiões de Fátima vos designastes revelar, aos três pastorzinhos, os tesouros de graças que podemos alcançar rezando o Santo Rosário, ajudai-nos a apreciar sempre mais essa oração, a fim de que, meditando os mistérios de nossa redenção, alcancemos as graças que com insistência vos pedimos. Senhora de Fátima, olhai para as famílias do nosso imenso Brasil e para as suas necessidades. Vede os perigos que as cercam em todos os momentos e sede a mãe presente. Sede a nossa intercessora junto ao Pai, ao Filho e ao Espírito Santo e alcançai-nos a graça que hoje vos pedimos (*fazer o pedido*). Nossa Senhora de Fátima, rogai por nós!

14º Dia

"Maria era a menina de alma grande que estremecia de alegria (Lc 1,47), era a adolescente com os olhos iluminados pelo Espírito Santo que contemplava a vida com fé e guardava tudo em seu coração de menina (Lc 2,19.51). Era inquieta, a que se punha continuamente a caminho; e, quando soube que sua prima precisava dela, não pensou em seus próprios projetos, mas foi à região montanhosa 'apressadamente' (Lc 1,39)" (Cristo vive [*Christus vivit*], p. 30, 03/2019).

Refletindo

"Maria contemplava a vida com fé", afirma o Papa Francisco. A fé é um dom gratuito de Deus e também um ato pessoal, como resposta livre à revelação de Deus. A nossa inteligência humana não alcança o sentido completo das iniciativas divinas. Neste ponto, Maria se distinguiu com esta atitude exemplar: 'Ela guardava todas essas coisas, meditando-as em seu coração', diz o Evangelho (Lc 2,19). Ela guardava, isto é, acolhia, conservava em seu coração tudo o que via ou ouvia de Jesus. Esta é a atitude que Maria nos ensina, quando lemos ou ouvimos a Palavra de Deus. Ler devagar, procurando entender, deixando-nos iluminar e transformar pelo sentido da mensagem que a Palavra nos revela.

Proposta do Papa Francisco

"Através da santidade dos jovens, a Igreja pode renovar seu ardor espiritual e seu vigor apostólico. Há santos que não conheceram a vida adulta e nos deixaram o testemunho de outra forma de viver a juventude. Recordamos alguns deles: São Sebastião, São Francisco de Assis, Santa Joana D'Arc, São Domingos Sávio, Santa Teresa do Menino Jesus, e muitos outros."

Oração a Nossa Senhora do Bom Conselho

Virgem Imaculada, Mãe de Deus e nossa Mãe, o Senhor fez de vós uma conselheira admirável. Nas bodas de Caná deixastes o vosso conselho: "Fazei tudo o que ele vos disser". No dia de Pentecostes, quando a Igreja nascia sob o impulso do Espírito Santo, vossa presença se fez sentir entre os apóstolos. Também eu suplico o vosso conselho em minha vida e caminhada cristã. Quero sentir vossa presença, em minhas decisões, pensamentos e atitudes, para que sejam sempre de acordo com a vontade do Pai. Tomai minhas mãos e orientai meu coração e todos os meus passos na direção do vosso Filho, onde um dia desejo estar convosco, mergulhado para sempre em Deus. Maria, Mãe do Bom Conselho, rogai por nós! Amém.

15º *Dia*

"Aquela menina (Maria), hoje, é a Mãe que vela por seus filhos, estes filhos que caminham pela vida, muitas vezes cansados, carentes, mas querendo que a luz da esperança não se apague" (Cristo vive [*Christus vivit*], p. 31, 03/2019).

Refletindo

Estes filhos de hoje que caminham pela vida, somos nós, cansados, carentes, mas firmes na esperança de uma vida melhor. E com muita razão invocamos Maria: ela também passou por momentos difíceis, quando Herodes perseguiu seu filho, obrigando-a a fugir, com José e o menino, para outro país; quando alguns opositores dos ensinamentos de Jesus ameaçavam sua missão; mas especialmente quando esses opositores tramaram a morte dele. E morte de cruz... como um maldito. Sua Mãe conhecia a inocência do filho. Desde a anunciação, acreditou que ele era Filho de Deus enviado como Salvador da humanidade. E essa fé esperançosa foi premiada: ele ressuscitou.

Proposta do Papa Francisco

"Queridos jovens, a Igreja necessita de vosso entusiasmo, de vossas intuições, de vossa fé. Que o Espírito Santo vos impulsione nesta corrida adiante!"

Oração a Nossa Senhora, Rainha da Paz

Ó Rainha da Paz, estabelecei o Reino do vosso Filho no meio do povo que, cheio de confiança, se recomenda à vossa proteção. Afastai para longe de nós os sentimentos de amor-próprio, o espírito de inveja e discórdia. Tornai-nos humildes e fortes diante dos sofrimentos. Dai-nos paciência, espírito de caridade e confiança na Divina Providência. Abençoai-nos, dirigindo os nossos passos no caminho da paz e da união, para que, formando aqui a vossa família, possamos no céu bendizer a vós e a vosso divino Filho por toda a eternidade. Nossa Senhora, Rainha da Paz, rogai por nós!

16º Dia

"Uma belíssima expressão da fé do povo é a 'Hora da Ave--Maria'. É uma oração simples que se reza nos três momentos característicos da jornada, que marcam o ritmo da nossa atividade cotidiana: de manhã, ao meio-dia e ao anoitecer. É, porém, uma oração importante; convido a todos a rezá-la com a Ave-Maria. Lembra-nos de um acontecimento luminoso que transformou a história: a Encarnação, o Filho de Deus que se fez homem em Jesus de Nazaré" (Papa Francisco no Brasil, Rio de Janeiro, 26/07/2013).

Refletindo

Quando rezamos a linda oração da Ave-Maria, estamos participando da saudação bíblica de duas vozes: a do anjo Gabriel, quando saudou Maria como a "cheia de graça", e a de Isabel, sua prima, quando a saudou reconhecendo-a como a jovem abençoada por Deus. Muitas pessoas devotas de Nossa Senhora percorreram o caminho da santidade com o rosário entre as mãos, repetindo com fé: "Ave, Maria...", "Ave, Maria...". Entre eles, contam-se muitos fundadores, como São Luís M. de Monfort, São Afonso M. de Ligório, São Bernardo de Claraval, o Bem-aventurado Pe. Tiago Alberione, ssp: todos eles, grandes devotos de Maria Santíssima, que nos deixaram escritos marianos testemunhando o valor insubstituível desse amor materno em suas vidas.

Proposta do Papa Francisco

"Convido todos a rezar a Ave-Maria na 'hora da Ave-Maria'. É uma oração simples que lembra um acontecimento luminoso que transformou a história: a Encarnação do Filho de Deus."

Oração a Maria Desatadora dos Nós

Virgem Maria, Mãe de ternura, que sempre socorrei um filho aflito, voltai o vosso olhar compassivo sobre mim e vede o emaranhado de nós que há em minha vida. Vós conheceis o meu sofrimento por causa desses nós. Ó Maria, entrego a fita da minha vida em vossas mãos, pois não existem nós que não possam ser desfeitos pela vossa intercessão. Peço-vos para desatá-los para a glória de Deus, e por todo o sempre (*fazer o pedido*). Agradeço, ó Mãe, as graças alcançadas! Peço a vossa proteção não só para mim, mas para todas as pessoas que passam por dificuldades. Amém.

17º Dia

"Em Aparecida, Deus ofereceu ao Brasil a sua própria Mãe, mas também deu uma lição sobre si mesmo, sobre o seu modo de ser e agir. Uma lição sobre a humildade que pertence a Deus como traço essencial e está no DNA de Deus. Há algo de perene para aprender sobre Deus e sobre a Igreja, em Aparecida; um ensinamento que nem a Igreja no Brasil nem o próprio Brasil devem esquecer" (Encontro com o episcopado brasileiro, p. 45, 27/07/2013).

Refletindo

Amigo, devoto de Maria Santíssima, sinta-se também convidado para conhecer quais as lições que Deus ofereceu a nós, brasileiros, sobre o modo de ser e de agir nos acontecimentos de Aparecida. Podemos recordar alguns fatos por meio das pessoas a quem ela apareceu: simples pescadores que dependiam, no trabalho, da oferta de peixes que o rio poderia dar; famílias de muita fé que acolheram a imagem; um escravo de cor negra que foi um dos primeiros beneficiados; as famílias desses pescadores que rezavam o terço diariamente em casa. Que lições podemos colher desses fatos? Poderia ser a humildade da Mãe de Deus que se manifesta através de uma imagem tão pequena e enegrecida pelo tempo? A fé dos pescadores? A reza do terço nas famílias? E as lições de tipo social, quais são?

Proposta do Papa Francisco

Hoje estamos vivendo outro momento da história. Sendo assim, hoje é cada vez mais urgente nos perguntarmos: o que Deus pede a nós?

Oração a Nossa Senhora da Saúde

Santíssima Virgem Maria, assim como dissestes nas bodas de Caná: "Fazei tudo o que ele vos disser", ajudai-me e orientai-me a fazer a vontade do vosso Filho. Transformai a minha vida, concedei a saúde não só a mim, mas também a todas as pessoas que dela necessitam. Defendei-nos das doenças para que possamos louvar, glorificar e bendizer o Senhor Deus do Universo. Senhora da Saúde, Mãe da Igreja e nossa Mãe, atendei a esta minha oração (*fazer o pedido*) e mostrai-me o Filho Jesus Cristo que curou os leprosos, os cegos, ressuscitou os mortos, a todos prometeu vida em abundância e felicidade eterna. Por nosso Senhor Jesus Cristo, vosso Filho vivo e ressuscitado no meio do povo. Amém.

18º Dia

"A Virgem Imaculada intercede por nós, no céu, como uma boa mãe protege seus filhos. Maria nos ensina, com sua vida, o que significa ser discípulo missionário. [...] Quando o anjo Gabriel anunciou a Maria que se tornaria a Mãe de Jesus, ela [...] confiou em Deus e respondeu: 'Eis aqui a serva do Senhor, faça-se em mim segundo a tua palavra' (Lc 1,38). Ela não guardou para si aquele presente, sentiu-se responsável e partiu, saiu de sua casa e foi, apressadamente, visitar sua parenta Isabel que precisava de ajuda, cumpriu um gesto de amor, de caridade e de serviço concreto, levando Jesus, que trazia no ventre" (Jornada Mundial da Juventude, *Angelus*, p. 68, 28/07/2013).

Refletindo

Quem vive a Palavra de Deus, bem conhece qual é o valor maior diante dele: o amor concreto, a caridade. Esta é a palavra que guia os caminhos de Maria: jovem, grávida, caminhos nada fáceis; mas ela carregava em seu ventre o valor maior: o Filho de Deus. Ele é a sua força, sua vida. Então se sentiu forte, capaz de ajudar sua prima também grávida, mas muito idosa. A distância não a preocupa, ela caminha como missionária. A missão que a espera é simples: vai servir os familiares, cuidar dos afazeres domésticos, lavar a roupa, limpar a casa, preparar a vinda do precursor do Messias, orar com a família, levar a alegria pela chegada de um bebê.

Proposta do Papa Francisco

"Todos estamos convidados a sair do próprio conforto e ter a coragem de chegar a todas as periferias que precisam da luz do Evangelho."

Oração a Nossa Senhora do Carmo

Senhora do Carmo, protegei-nos de todos os perigos e dai-nos a graça de termos uma boa morte. Que sob o vosso olhar e sob a vossa proteção possamos obter a misericórdia de Deus todos os dias de nossa vida. Querida Mãe, não nos deixeis abandonados ao nosso egoísmo, indiferença, ódio e rancor. Protegei as crianças, os jovens, os pais e as mães de família e os idosos. Fazei crescer em nossos corações o amor, especialmente pelos que mais precisam de nossa atenção e carinho. Amém!

19º Dia

"Uma Igreja sem as mulheres é como o Colégio Apostólico sem Maria Santíssima. O papel das mulheres na Igreja não é só a maternidade, ser mãe de família, mas é mais forte: é precisamente o ícone da Virgem Maria, de Nossa Senhora, aquela que ajuda a Igreja a crescer. Mas pensem que Nossa Senhora é mais importante que os apóstolos! É mais importante! A Igreja é feminina: é Igreja, é esposa, é mãe" (O Santo Padre responde a um jornalista durante o voo de regresso a Roma, 28/07/2013).

Refletindo

Vários papas manifestaram o pensamento da Igreja sobre o valor da mulher para a Igreja e para o mundo atual. Lembramos aqui alguns: "Na pessoa de Maria, Mãe de Deus, a humanidade encontra o modelo perfeito de mulher e de mãe para todos os tempos" (São João Paulo II). "As primeiras testemunhas da ressurreição de Jesus foram as mulheres. E isso é bonito. Esta é um pouco a missão da mulher"(Papa Francisco). "A mulher é portadora de harmonia na Igreja e no mundo" (Papa Francisco). "Agradeço a todas as mulheres que, todos os dias, procuram construir uma sociedade mais humana e acolhedora" (Papa Francisco). Em Maria espelham-se todas as mulheres que desejam seguir os passos de Jesus na construção de um mundo de paz e amor.

Proposta do Papa Francisco

"A Igreja é mãe: deve curar os feridos, seguir pelo caminho da misericórdia." E a Igreja somos nós todos.

Oração a Nossa Senhora da Penha

Ó Maria Santíssima, Senhora da Penha, em cujas mãos Deus depositou os tesouros das suas graças e favores, eis-me repleto de esperança, solicitando com humildade a graça de que hoje necessito (*fazer o pedido*) e pela qual vos sou grato desde este momento. Recordai-vos, ó Senhora da Penha, que nunca se ouviu dizer que alguma das pessoas que em vós tem depositado toda a sua esperança deixou de ser atendida, ó boa Mãe! Assisti-nos nas agruras da vida, para que façamos delas sementes para um mundo mais fraterno e mais humano. Enxugai o pranto das pessoas que sofrem e consolai os aflitos em suas necessidades. Tudo isso vos pedimos por Jesus, vosso Filho e nosso irmão. Amém.

20º Dia

"O nascimento de Jesus no ventre de Maria é prelúdio do nascimento de cada cristão no seio da Igreja, dado que Cristo é o primogênito de uma multidão de irmãos. Nosso primeiro irmão, Jesus, que nasceu de Maria, é o modelo, e todos nós nascemos na Igreja. Então, compreendemos que a relação que une Maria à Igreja é mais profunda do que nunca. [...] Nós, cristãos, não somos órfãos, temos uma mãe, e isso é sublime! Não somos órfãos! A Igreja é mãe, Maria é mãe" (Audiência Geral, *A Igreja é mãe*, p. 25-26, 09/2014).

Refletindo

A missão de Maria para com a Igreja é inseparável de sua união com Cristo, manifestada desde a concepção virginal dele até sua morte e ressurreição. Após a ascensão de seu Filho, Maria assistiu com suas orações a Igreja nascente. Sua maternidade em relação à Igreja é na ordem da graça. Assim também a nós que constituímos a Igreja. A missão materna de Maria em relação à humanidade não diminuiu a mediação única de Cristo; pelo contrário, até manifesta sua potência, diz-nos o Catecismo Católico, pois toda ação salutar de Maria deriva dos méritos de Cristo. Por esse motivo, Maria é honrada e invocada como nossa intercessora e medianeira junto a Jesus, "único mediador entre Deus e os homens" (1Tm 2,6).

Proposta do Papa Francisco

"A mãe Igreja, como Jesus, ensina com o exemplo, e as palavras servem para iluminar o significado dos seus gestos." [...] A mãe Igreja ensina aos seus filhos as obras de misericórdia. Ela aprendeu de Jesus esse caminho...

Oração a Nossa Senhora dos Remédios

Ó Virgem Santa, Filha predileta do Pai, Mãe de Jesus Cristo e Templo vivo do Espírito Santo, nós vos invocamos como nossa Mãe e saúde dos doentes. Ó Senhora dos Remédios, assisti-nos em nossas enfermidades corporais e espirituais. Abençoai as nossas famílias. Dai-nos força para que sejamos bons cristãos, seguindo o exemplo de Jesus. Queremos viver sempre como vossos filhos. Nossa Senhora dos Remédios, rogai por nós!

21º Dia

"Deus fez grandes coisas no mundo com os humildes, como Maria. Na visita de Maria à sua prima Isabel, ela levou o maior presente: Jesus, que assumiu a carne humana para sua missão de salvador. Na casa de Isabel e Zacarias, onde reinava a tristeza pela falta de filhos, agora existe a alegria por uma criança que chega: o precursor João Batista. E quando Maria chega, a alegria transborda, porque a presença invisível mas real de Jesus preenche tudo com sentido: a vida, a família, a salvação do povo, e esta alegria transborda no canto do *Magnificat*" (Homilia, Casa Santa Marta, 08/2015).

Refletindo

O Magnificat é um cântico que expressa a predileção de Deus pelo pobre e pelo povo de Israel identificado com o pobre. Ao mesmo tempo é um salmo de agradecimento pelas maravilhas que o Senhor realizou por seu povo. Agradecer é a atitude de um coração reconhecido pelos benefícios que recebeu. Cantar a gratidão é agradecer duplamente, com alegria. Supõe-se que este cântico já fosse conhecido pelo povo de Israel, e Maria adaptou-o para esta circunstância. Por todos os benefícios recebidos, com Maria agradeçamos: "A minha alma engrandece o Senhor e o meu espírito exulta em Deus, meu Salvador" (Lc 1,46-47).

Proposta do Papa Francisco

A convite do Papa Francisco, rezemos: à vossa proteção recorremos, Santa Mãe de Deus. Não desprezeis as nossas súplicas em nossas necessidades, mas livrai-nos sempre de todos os perigos, ó Virgem gloriosa e bendita! Amém.

Oração a Nossa Senhora da Vitória

Ó Santa Mãe de Jesus Cristo e também nossa Mãe, nós vos veneramos com o poderoso título de Nossa Senhora da Vitória, porque sois Mãe de Jesus Cristo, Virgem e Mãe Imaculada; privilégios esses que não foram concedidos a nenhuma outra criatura, mas somente a vós. Ó Senhora da Vitória, Mãe do Vencedor e nossa Mãe, humildemente vos pedimos: socorrei os que passam fome e vivem na angústia, curai os enfermos de corpo e de espírito, fortalecei os fracos, consolai os aflitos e atribulados, transformai as famílias em santuários vivos de fé, esperança e amor, no seio da Igreja. E agora, ó Senhora da Vitória, olhai para nós que fazemos esta oração (*novena*) e alcançai-nos de Jesus, vosso Divino Filho, a vitória e bênção que agora suplicamos (*fazer o pedido*).

22º Dia

"A Imaculada está inscrita no desígnio de Deus; é fruto do amor de Deus, que salva o mundo. E nossa Senhora nunca se afastou desse amor: sua vida inteira, todo o seu ser constitui um 'sim' àquele amor, é um 'sim' a Deus. Mas certamente isso não foi fácil para ela. Quando o anjo a chama 'cheia de graça' (Lc 1,28), ela permanece 'muito perturbada', porque, na sua humildade, se sente como nada diante de Deus. O anjo a consola: 'Não temas, Maria, pois encontraste graça diante de Deus. Eis que conceberás e darás à luz um filho, ao qual darás o nome de Jesus' (Lc 1,30-31)" (Festa da Imaculada Conceição, *Angelus*, Praça São Pedro, 08/12/2013).

Refletindo

Maria reconheceu-se como um "nada diante de Deus", diz o Papa. Mais tarde Jesus afirmaria: "Sem mim nada podeis fazer" (Jo 15,5). Sendo Maria vazia de si mesma, dependia totalmente de seu Criador. Paulo, como apóstolo experiente, acrescentaria: "Nada tendo, mas possuindo tudo" (2Cor 6,10) pela graça de Deus. Maria podia deixar-se "encher" da graça de Deus porque, sendo livre da mancha do pecado, pôde acolher totalmente a presença e o apelo de Deus e conservar o coração aberto para responder ao projeto de salvação. Fazendo-se humilde serva, ela permitiu que Deus viesse morar no coração da humanidade, através de seu coração.

Proposta do Papa Francisco

"A Virgem Santa é a mulher de fé que deu lugar a Deus no seu coração e nos seus projetos; é a pessoa capaz de descobrir no dom do Filho a chegada daquela plenitude do tempo [...]. Por isso, não se pode compreender Jesus sem sua Mãe."

Consagração a Nossa Senhora Três Vezes Admirável

Ó minha Senhora e minha Mãe! Eu me ofereço todo em vós e, como prova de minha devoção para convosco, eu vos consagro neste dia, meus olhos, meus ouvidos, minha boca, meu coração e, inteiramente, todo o meu ser. E porque assim sou vosso, ó incomparável Mãe, guardai-me como coisa e propriedade vossa! Amém.

23º Dia

"No Evangelho se diz que 'Maria guardava, no seu coração', a Palavra de Deus. Guardar a Palavra de Deus quer dizer que o nosso coração se abre àquela Palavra como a terra se abre para receber as sementes. [...] Guardar a Palavra de Deus significa sempre meditar o que essa Palavra diz a nós com o que acontece na vida. E Maria fazia isso, meditava e fazia a comparação. Este é um trabalho espiritual grande" (Homilia, Casa Santa Marta, 06/2013).

Refletindo

O Papa explicou, acima, o que significa "guardar a Palavra de Deus", isto é, meditar o que essa Palavra nos diz. A meditação, tão recomendada pela Igreja, "consiste numa busca orante que põe em ação o pensamento, a imaginação, a emoção, o desejo. E tem por finalidade apropriar-se do assunto meditado, confrontando com a realidade de nossa vida" (CIC 2705ss). Utilizam-se para a leitura as Sagradas Escrituras, os textos litúrgicos, as obras de espiritualidade, o grande livro da criação e o da história. A leitura orante sempre se mostrou muito positiva. Não fazemos essa meditação quando temos tempo, mas reservamos um tempo de cada dia para isso.

Proposta do Papa Francisco

"Aprendamos de Maria Santíssima a ler a vida comparando-a com a Palavra de Deus." Vale a pena fazer isso cada dia.

Oração a Nossa Senhora da Cabeça

Ó Mãe do céu e Senhora nossa, tocai o meu coração, a fim de que ele deteste o pecado e ame a vida. Mãe cheia de ternura, não vos esqueçais das dificuldades que afligem o meu corpo e enchem de amargura o meu viver. Dai-me saúde e forças para vencer todas as dificuldades que o mundo me impõe. Não permitais que a minha pobre cabeça seja atormentada por males que perturbem a tranquilidade da minha vida. Tudo isso vos peço em nome de vosso Filho Jesus Cristo e pelo amor que a ele devotais. Alcançai-me hoje as graças de que tanto necessito (*fazer o pedido*). Obrigado, Mãe Santíssima, por ouvir a minha humilde oração. Amém.

24º Dia

"Hoje temos necessidade da doçura de Nossa Senhora para entender o que Jesus nos pede no Evangelho: [...] amar os inimigos, fazer o bem, emprestar sem esperar nada. [...] A quem te bate numa face, oferecer a outra, a quem tira o teu manto, não recuses a túnica. Mas tudo isso, a seu modo, foi vivido pela Virgem: é a graça da docilidade, a graça da mansidão" (Homilia, Casa Santa Marta, 09/2013).

Refletindo

Hoje, neste tempo de tanta violência e guerras, diz o Papa, precisamos da doçura de Nossa Senhora para fazer o bem, amar os inimigos... Pela sua materna missão, ela é invocada como advogada, auxiliadora, protetora, medianeira e outros mil títulos. Mas, desde tempos antigos, o povo a invoca com o nome de Mãe de Misericórdia, porque sua maternidade se estende a todos os filhos; sejam eles mais ou menos pecadores, todos são "filhos". Na linda oração "Salve-Rainha", a invocamos como "Mãe de misericórdia, vida, doçura, esperança nossa". Sempre que precisarmos dessa Mãe cheia de compreensão para com seus filhos, rezemos a Salve-Rainha.

Proposta do Papa Francisco

"Faz-se isto com a contemplação da humanidade de Jesus e de Maria. Não há outro caminho. É o único. Para perdoar, contempla Jesus e Maria sofredores. Para não odiar, contempla Jesus e Maria sofredores."

Oração a Nossa Senhora do Trabalho

Salve, Virgem Maria, nossa querida Mãe padroeira! Como filhos, nos dirigimos a vós com toda a confiança, implorando a vossa bênção, de modo especial pelos nossos trabalhadores, por todos aqueles que labutam no dia a dia para conseguir o sustento da própria família. Concedei-nos, nós vos pedimos, que este labor seja dignificante, de modo a favorecer vossos filhos. Que haja muita consciência da nobreza do trabalho e que nenhum de nossos irmãos seja explorado pela ganância de riquezas. Abençoai, ó Virgem do trabalho, nossa comunidade, nossas famílias e a cada um de nós. Intercedei, junto ao vosso Filho Jesus, concedendo-nos a graça que vos pedimos (*fazer o pedido*). Assim seja!

25º Dia

"No dia em que se festeja a Natividade de Maria, meditemos sobre a Criação (do mundo) e a caminhada que Deus faz conosco na história. [...] O que ele tinha no coração era a vinda de seu Filho, porque Deus nos predestinou, todos, a ser conformes à imagem de seu Filho. [...] Ele é o Deus do tempo, é o Deus da história, é o Deus que caminha com seus filhos. E isto até a plenitude dos tempos, quando seu Filho se faz homem. [...] E assim 'chegamos a Maria', ao nascimento da Virgem" (Homilia, Casa Santa Marta, 08/09/2014).

Refletindo

Nosso Deus é o Deus do tempo e da história, mas transcende o mundo e a história. Diz o salmo: "Todos perecem, ficam gastos como a roupa [...]. Mas tu existes..." (Sl 102); ele permanece sempre fiel a si mesmo e às suas promessas. Em sua bondade, ele nos predestinou a sermos conformes à imagem de seu Filho. Esta é a graça imensa que Deus nos concedeu, que nos leva ao cuidado pela vida, ao respeito e amor para com o próximo. A plenitude desse amor comprovou ser Jesus o Filho de Deus, enquanto caminhava pelas estradas do mundo sanando a alma e o corpo de quem o encontrasse com fé. Muitos santos construíram sua evangelização e santidade na força desta fé. Entre eles está Santa Irmã Dulce, que manifestava assim o motivo pelo qual aceitava todo tipo de doentes: "Não recuso ninguém porque o doente é a imagem de Deus".

Proposta do Papa Francisco

"Nas pequenas coisas há tudo." "Mas tu, Belém de Éfrata, pequenina [...]. Mas serás grande, porque de ti nascerá o teu guia e ele será a paz. O Senhor é o grande, e nós somos os pequenos, mas o Senhor aconselha-nos a ser pequenos como as crianças para podermos entrar no reino dos céus..."

Oração a Nossa Senhora das Dores

Virgem Mãe tão santa e pura, vendo eu a tua amargura, possa contigo chorar. Que do Cristo eu traga a morte, sua paixão me conforte, sua cruz possa abraçar! Em sangue as chagas me lavem e no meu peito se gravem, para não mais se apagar. No julgamento consegue que às chamas não seja entregue quem soube em ti se abrigar. Que a Santa Cruz me proteja, que eu vença a dura peleja, possa do mal triunfar! Vindo, ó Jesus, minha hora, por essas dores de agora, no céu mereça um lugar!

26º Dia

"No dia solene da Assunção de Maria, lemos a passagem do livro do Apocalipse que apresenta a visão da luta entre a mulher e o dragão. [...] É esta luta que os discípulos de Jesus devem enfrentar: Maria não os deixa sozinhos; a Mãe de Cristo e da Igreja está sempre conosco. A oração com Maria nos dá apoio na luta contra o maligno" (Homilia, Castel Gandolfo, 15/08/2013).

Refletindo

Neste dia em que celebramos a glória de Maria, levada ao céu, queremos cantar a profecia que ela fez ao visitar a casa de Isabel: "Todas as gerações me chamarão de bem-aventurada, porque o Todo-poderoso fez grandes coisas por mim" (Lc 1,48):

- *Feliz és tu, Maria, porque tornaste possível o projeto de Deus.*
- *Feliz és tu, Maria, porque aceitaste ser a Mãe de Deus.*
- *Feliz és tu, Maria, porque foste a mulher de fé, educadora do menino e adolescente Jesus.*
- *Feliz és tu, Maria, porque acompanhaste teu Filho em sua missão, paixão e morte.*
- *Feliz és tu, Maria, porque foste fiel e acreditaste na sua ressurreição e ascensão ao céu.*
- *Feliz és tu, Maria, porque hoje celebramos tua vitória e glória no céu.*

Proposta do Papa Francisco

"Muitas vezes vimos que os problemas locais, econômicos, as crises, os grandes da terra querem resolvê-los com uma guerra. Por quê? Porque, para eles, o dinheiro é mais importante que as pessoas." Rezemos: volta-te para nós, Senhor, e tem misericórdia de nós. Perdoa a ignorância e ilumina-nos.

Oração a Nossa Senhora da Assunção

Ó dulcíssima soberana, Rainha dos Anjos, sabemos que, miseráveis pecadores, não somos dignos de vos possuir neste vale de lágrimas, mas sabemos que a vossa grandeza não vos faz esquecer a nossa miséria e, na glória, a vossa compaixão, longe de diminuir, aumenta cada vez mais. Do alto do trono em que reinais sobre os anjos e santos, volvei para nós os vossos olhos misericordiosos; vede a quantas tempestades e mil perigos estaremos expostos até o fim de nossa vida. Pelos merecimentos de vossa bendita morte, obtende-nos o aumento da fé, da confiança e da perseverança na amizade de Deus, para que possamos, um dia, unir a nossa voz à dos espíritos celestes, para louvar e cantar as vossas glórias eternamente no céu. Assim seja!

27º *Dia*

"O mistério da Assunção de Maria em corpo e alma também está inteiramente inscrito na Ressurreição de Cristo. A humanidade da Mãe foi 'atraída' pelo Filho em sua passagem através da morte. Jesus entrou de uma vez por todas na vida eterna com toda a sua humanidade, a qual ele recebera de Maria. Assim, ela, a Mãe, que o seguira fielmente durante toda a sua vida, tinha-o seguido com o coração, entrou com ele na vida eterna, que também chamamos de céu, Casa do Pai" (Homilia, Castel Gandolfo, 15/08/2013).

Refletindo

Em sua peregrinação de fé, a Virgem Maria manteve fielmente sua união com o Filho até o sacrifício na cruz, onde esteve de pé, não sem desígnio divino, e sofreu intensamente junto com seu unigênito. E com ânimo materno se associou a seu sacrifício, consentindo com amor na imolação da vítima por ela gerada. Finalmente, pelo próprio Jesus moribundo na cruz, foi dada como mãe ao discípulo com estas palavras: "Mulher, eis aí teu filho" (Jo 19,26-27). Após a ascensão de seu Filho, Maria assistiu com suas orações a Igreja nascente. Assim se entende a maternidade de Maria em relação à Igreja (CIC 964).

Proposta do Papa Francisco

"Maria é remédio para a solidão e a desagregação. É a Mãe que consola: está com quem se sente só. Ela sabe que não bastam as palavras; é necessária a presença." O Papa conclui: "Maria não é opcional".

Oração a Nossa Senhora Auxiliadora

Ó Maria, Mãe carinhosa e poderosa, auxílio dos cristãos, em minhas aflições e lutas defendei-me contra o mal. Obtende-me de Jesus Cristo, vosso Filho, a graça especial que peço com fervor e confiança. E, no fim da vida, acolhei, Mãe piedosa, minha alma no Paraíso. Seja louvado e agradecido, a todo momento, o Santíssimo e Diviníssimo Sacramento. Maria Auxiliadora dos cristãos, rogai por nós!

28º Dia

"Na memória litúrgica da Virgem das dores, o Papa Francisco quis refletir sobre o texto evangélico de João: 'Mulher, eis o teu filho'. Depois disse ao discípulo: 'Eis a tua mãe' (Jo 25,27). É a segunda vez que Maria ouve o seu Filho chamar-lhe 'mulher'. A primeira foi em Caná, a segunda aos pés da cruz, quando lhe entrega um filho. Neste momento, Maria torna-se outra vez mãe. Isto é, sua maternidade alarga-se na figura daquele novo filho, alarga-se a toda a Igreja e a toda a humanidade" (Homilia, Casa Santa Marta, 15/09/2015).

Refletindo

Sabemos como no Oriente Médio a mulher era subordinada ao homem; o trabalho da mulher era muito duro. É provável também que as mulheres hebraicas tivessem uma vida um tanto limitada em relação aos homens, embora gozassem de mais liberdade no âmbito da comunidade. O modo como Jesus tratava as mulheres sempre foi revelador: conhecia-lhes a vida e a fadiga, fez milagres a pedido delas, muitas delas serviam às necessidades materiais do grupo dos discípulos. Jesus aceitou ser ungido por uma mulher e a defendeu contra as críticas. Um grupo de mulheres testemunhou a sua morte e sua ressurreição; com Marta e Maria, ele tinha um relacionamento de amizade. A expressão usada por Jesus, quando chamou sua Mãe de "mulher", a identificou com a pessoa apta para essa maternidade universal.

Proposta do Papa Francisco

"Mostrar-se mau, às vezes, até parece um sinal de fortaleza; mas é só fraqueza! Precisamos aprender com as mães que o heroísmo está em doar-se, a fortaleza, em ter piedade, a sabedoria, na mansidão."

Oração a Nossa Senhora do Bom Parto

Ó Maria Santíssima, por uma escolha gratuita do Pai, fostes agraciada com a maternidade divina, no tempo da gravidez e do parto. Vós que também fostes mãe, olhai por mim, pois estou apreensiva com o momento do parto e me sinto insegura em relação ao que poderá acontecer. Que eu tenha um parto feliz! Agora, ó Mãe, me sinto mais calma e tranquila, porque já percebo a vossa proteção e desde já vos confio este novo ser. Nossa Senhora do Bom Parto, rogai por mim!

29º Dia

"Nós, hoje, não podemos 'pensar em Maria sem pensá-la como mãe'. Nesta época em que temos a sensação de 'orfandade', esta palavra tem uma grande importância. Ou seja, Jesus diz-nos: 'Não vos deixo órfãos, dou-vos uma mãe. Uma herança que é também 'o nosso orgulho: temos uma Mãe que está conosco, nos protege, nos acompanha, nos ajuda, também nos tempos difíceis, nos maus momentos'. Para argumentar esta consideração, o Papa fez referência à tradição dos antigos monges russos, que, nos momentos das 'turbulências espirituais', dizem que devemos refugiar-nos 'sob o manto da Santa Mãe de Deus'" (Homilia, Casa Santa Marta, 15/09/2015).

Refletindo

Repassando os inúmeros livros que contêm homilias, meditações, mensagens do Papa Francisco, chamou-me a atenção as inúmeras vezes que ele atribui a Maria o título de Mãe. Ela é o dom que Jesus nos entregou como Mãe; por isso, com razão, não só em momentos difíceis, mas todos os dias recorremos a sua proteção. São muitas as dificuldades, muitos os perigos, muitas as tentações... e a nossa fraqueza é grande. Se em nossa vida faltar a devoção à "Mãe Maria", nos compararemos a um filho que perdeu a mãe e não se interessa por encontrá-la.

Proposta do Papa Francisco

"Tomai-nos pela mão, Maria! Agarrados a vós, superaremos as curvas mais fechadas da história. Levai-nos pela mão a descobrir os laços que nos unem. Reuni-nos todos juntos, sob o vosso manto, na ternura do amor verdadeiro, onde se reconstitui a família humana. Digamos todos juntos: 'À vossa proteção recorremos, Santa Mãe de Deus'."

Oração a Nossa Senhora dos Navegantes

Senhora dos Navegantes, sois ideal e estímulo para uma vida perseverante de amor a Deus e de bondade para com o próximo. Sois a "mais alta realização do Evangelho e o modelo perfeito do cristão". Sois cheia de graça e bendita entre as mulheres. Todas as gerações vos proclamam bem-aventurada, porque vos fizestes a serva do Senhor. Dai-nos sempre vontade decidida de melhor buscar, conhecer e seguir a Cristo. Amém.

30º Dia

Aplicando a meditação sobre Maria-Mãe da humanidade à celebração da Eucaristia, o Pontífice diz: "Agora façamos o memorial da cruz. Jesus vem aqui e renova mais uma vez o seu sacrifício por nós e pela sua Mãe. No sacrifício eucarístico, ambos estão presentes, embora de forma diferente: a Mãe, espiritualmente; ele, de modo real. A oração ao Senhor é de que nos faça ouvir também hoje, no momento em que outra vez se oferece ao Pai por nós, as palavras: 'Filho, eis a tua mãe!'" (Homilia, Casa Santa Marta, 15/05/2015).

Refletindo

A celebração da Eucaristia não é simplesmente uma memória dos fatos acontecidos com Jesus, no Calvário; acontece no altar, realmente, o sacrifício de Jesus na cruz, do qual Maria participou como mãe da vítima. Trata-se de um mistério da fé que nossa mente não alcança o entendimento; mas já Santo Tomás de Aquino descrevia: "No Calvário se escondia tua divindade, mas aqui também se esconde tua humanidade: creio em ambas e peço, como o bom ladrão, no teu reino, eternamente, tua salvação".

Proposta do Papa Francisco

"A Maria, Mãe da Igreja e Mãe da nossa fé, nos dirigimos, pedindo-lhe: 'Ajudai, ó Mãe, a nossa fé'" (*Lumen fidei*, p. 83).

Oração a Nossa Senhora da Salete

Lembrai-vos, ó Nossa Senhora da Salete, verdadeira Mãe dolorosa, das lágrimas que derramastes por mim no Calvário. Lembrai-vos também dos muitos cuidados que sempre tendes por mim: e vede se depois de tanto ter feito por vosso filho, agora o podeis abandonar. Animado por este pensamento consolador, venho prostrar-me a vossos pés, apesar de minhas infidelidades e ingratidões. Não rejeiteis minha súplica, ó Virgem reconciliadora, mas convertei-me, alcançai-me a graça de amar a Jesus sobre todas as coisas e vos consolar por uma vida santa, para que vos possa ver um dia no céu. Amém.

31º Dia

"O cântico de Maria, o *Magnificat*, é o cântico da esperança, é o cântico do povo de Deus no seu caminhar através da história. É o cântico de muitos santos e santas, alguns conhecidos, outros muitíssimo desconhecidos, mas bem conhecidos por Deus: mães, pais, catequistas, missionários, padres, freiras, jovens e também crianças, avôs e avós; eles enfrentaram a luta da vida, levando no coração a esperança dos pequenos e dos humildes. Maria diz: 'A minha alma engrandece ao Senhor'; hoje a Igreja também canta a mesma coisa, e o canta em todas as partes do mundo. [...] Particularmente, onde o corpo de Cristo, atualmente, está sofrendo a paixão. Onde está a cruz, para nós, cristãos, há esperança, sempre. [...] Esta força é uma graça, um dom de Deus que nos leva para a frente, olhando para o céu. E Maria está sempre lá, próxima dessas comunidades, desses nossos irmãos, caminhando com eles, sofrendo com eles, e cantando com eles o *Magnificat* da esperança" (Homilia, Casa Santa Marta, 15/08/2015).

Refletindo

No último dia do mês dedicado a Maria, o que tenho para agradecer? (Reserve um tempo para este agradecimento.) – Tenho algum familiar ou amigo necessitado de conversão para pedir a intercessão de Maria em favor dele? – Conheço alguma pessoa necessitada de cura física ou espiritual, para apresentá-la à Mãe Maria? – Sobretudo, em que desejo imitar Maria para viver sob sua proteção?

Proposta do Papa Francisco

"Recordai-nos, ó Maria, que, quem crê, nunca está sozinho!"

Oração a Nossa Senhora de Caravaggio

Lembrai-vos, ó puríssima Virgem Maria, que jamais se tem ouvido que deixásseis de socorrer e consolar a quem vos invocou e visitou no vosso Santuário, implorando a vossa proteção e assistência. Assim, pois, animado com igual confiança, como a Mãe amantíssima, ó Virgem das virgens, a vós recorro, de vós me valho, gemendo sob o peso de meus pecados, humildemente me prostro a vossos pés. Não rejeiteis as minhas súplicas, ó Virgem do Caravaggio, mas dignai-vos de as ouvir propícia e de me alcançar a graça que vos peço. Amém.

Roteiro para a coroação da imagem de Nossa Senhora

No mês dedicado a Maria Santíssima, muitas paróquias e também pequenas comunidades costumam concluir o mês mariano com a coroação da imagem de Nossa Senhora. Para esta finalidade, coloco aqui a sugestão de um roteiro:

- Uma pessoa da comunidade, em geral um(a) catequista, reúne um grupo de crianças para orientá-las nesta celebração.

- As crianças podem vestir-se de anjos. Fazem sua entrada perto da imagem de Nossa Senhora, ao som de um *canto mariano*.

- Após o canto, as crianças, junto com o povo, são convidadas a rezar a *Ave-Maria*.

- A seguir, pode-se entronizar a Bíblia, cantando: "A Bíblia é a Palavra de Deus...". Segue-se a leitura de Lc 1,26-38.

- O orientador(a) diz: "Em algumas aparições, Maria pediu que se rezasse o terço para se obter a paz no mundo e por outras intenções que as crianças e o povo quiserem colocar" (reserve-se tempo para as intenções...).

- Segue-se a oração do *terço*.

- Conclui-se a coroação com a *oração de Consagração*: "Ó Senhora minha, ó minha Mãe, eu me ofereço todo a vós, e, em prova de minha devoção para convosco, vos consagro neste dia minha mente, minha vontade, meu coração e todo meu ser. E porque assim sou vosso, ó incomparável Mãe, guardai-me, defendei-me como filho próprio vosso. Amém".

- *Final*: canto a Nossa Senhora.

Rua Dona Inácia Uchoa, 62
04110-020 – São Paulo – SP (Brasil)
Tel.: (11) 2125-3500
http://www.paulinas.com.br – editora@paulinas.com.br
Telemarketing e SAC: 0800-7010081